Rosary
The (K)nots And Beads

Collection of Poems

Nikita Jain

BookLeaf
Publishing

India | USA | UK

Made with ❤ on the BookLeaf Publishing Platform
www.bookleafpub.in
www.bookleafpub.com

Dedication

To the memory of my father,
and no one else,
because Jain Sahab doesn't-didn't like to share space.

Preface

"It is a joy to be hidden, and a disaster not to be found."
(Donald Winnicott)

Life is punctuated by losses embedded within most transitional moments, even those that appear as accomplishments. For instance, sunrise implies the setting of the moon. This explains why I was overjoyed the first time I saw both the moon and the sun in the sky, as if defying the forces of nature to be in each other's presence. The images of these losses linger in the form of memories for some, and for others, as plaguing absences. I wonder if trees grieve the loss of every leaf, fruit and flower as deeply as I imagine they do, or if I am merely projecting onto them. It fills me with a quiet sadness to even see the clouds veil the moon in the night sky and to witness people cruelly burning dried, fallen leaves. In the course of life, we accumulate many such losses as we do gains, including the loss of childhood, hopes, aspirations, friendship, intimacy, love, a sense of home, and more. Psychologists refer to these experiences as developmental losses that occur during a person's psychological development and can have a lasting impact on one's well being and psychological makeup. *(Kuch *paa kar khona hai, kuch kho kar paana hai, Jeevan ka matlab to aana aur jaana hai.)* On the other hand, some losses are more difficult to understand and grieve, such as bereavement, disenfranchised grief (losses unrecognized or delegitimized by society or culture, such as an abortion), and ambiguous losses (like those involving missing persons or severe neurological illness). Furthermore, some daily disappointments and setbacks may lead to micro-grief, especially for some tortured souls who are acutely aware of the shadow play between the light and dark.

Imagine carefully sifting through a collection of beads, thoughtfully selecting a few, and stringing them onto a thread, as a symbol of remembrance and deep engagement with both the self and the world. In Punjabi, this act of remembrance or recollection is known as Simran, derived from its Sanskrit root, Smaran. Here, I use *beads* to represent the memories of life's significant events that we gather over time in this process of *simran*. When we find the opportunity to pause, we attempt to string the beads into a meaningful pattern onto the unifying *threads* of love. We examine the texture of each bead as well as the enigmatic thread they share- a complex weave of varying strengths of love. The *knots* symbolize meaning, that is often quite painfully drawn out of a lived experience, and effortfully tied, on the *rosary*- the cherishment of memories rearranged with abundant emotion and passion. In the absence of these knots on the rosary, the beads would collide, their textures fading, and leaving a hollow echo. This poetry collection is a humble attempt to capture some such thoughts that arose from mourning, and sometimes, from sheer melancholy.

This book, very ambitiously, also hopes to initiate a conversation about grief within the cultural discourse. As a society, we are deeply uncomfortable in witnessing loss, and sharing its weight. The need for four shoulders extends beyond carrying the funeral pyre. Imagine a human pyramid, as the symbol for dynamic amplification and exchange of strength, where we stand on each other's shoulders for as long as one needs. We catch each other's falls and shift roles seamlessly, bound by intentional effort. This is my modest endeavour to share the grief of some such collective losses. In an era where artificial intelligence can generate poetry, the irreplaceable element is the human touch and the connection forged between the reader and the author. I hope this collection touches that part of us that leads to healing.

Let me share a ghazal that deeply resonates with me. Written by the poet Hastimal Hasti and beautifully sung by Jagjit Singh, it eloquently portrays how time and effort transmute painful mourning to poignant nostalgia.

प्यार का पहला ख़त लिखने में वक़्त तो लगता है
नए परिंदों को उड़ने में वक़्त तो लगता है
जिस्म की बात नहीं थी उन के दिल तक जाना था
लम्बी दूरी तय करने में वक़्त तो लगता है
गाँठ अगर लग जाए तो फिर रिश्ते हों या डोरी
लाख करें कोशिश खुलने में वक़्त तो लगता है
हम ने इलाज-ए-ज़ख़्म-ए-दिल तो ढूँड लिया लेकिन
गहरे ज़ख़्मों को भरने में वक़्त तो लगता है

(The cover of this book features a photograph from my personal collection, capturing a remarkable celestial event. Unbeknownst to me, I had photographed the Hunter's Supermoon of October 17, 2024, the largest and closest full supermoon of that year. A supermoon occurs when the full moon happens at – or near – the time the

moon is closest to the earth in its elliptical orbit, appearing up to 14% larger and 30% brighter than a regular full moon. The image was taken at a rest stop roughly an hour outside of Prague, Czech Republic, in a hurried attempt to capture it with my right hand, before it was eclipsed by the trees or clouds. It is essential for me to share that in my left hand, I held a half-eaten sandwich, lovingly prepared at home, which I was unwilling to put down, and this, I believe, played a role in infusing softness in the picture.)

Acknowledgements

From the deep recesses of my heart, I thank all those who have taught me, one thing or many. Most of you are unnameable, and others, I hope, are aware of my gratitude. I remember my maternal grandfather, a storyteller in his own regard, who wrote stories with ink on paper and illustrated their covers by hand- I miss sitting in your room, and listening to your tales. To the Amaltas trees outside my house, the birds that visit, and the seasons of nature- you leave an indelible imprint on me.

To my dearest readers, as a gift of appreciation for choosing this book, I dedicate to you this moving ghazal written by the poet Shahid Kabir.

ग़म का ख़ज़ाना तेरा भी है मेरा भी
ये नज़राना तेरा भी है मेरा भी
अपने ग़म को गीत बना कर गा लेना
राग पुराना तेरा भी है मेरा भी
कौन है अपना कौन पराया क्या सोचें
छोड़ ज़माना तेरा भी है मेरा भी
शहर में गलियों गलियों जिस का चर्चा है
वो अफ़्साना तेरा भी है मेरा भी
तू मुझ को और मैं तुझ को समझाऊँ क्या

दिल दीवाना तेरा भी है मेरा भी
मय-ख़ाने की बात न कर वाइज़ मुझ से
आना जाना तेरा भी है मेरा भी
ये नज़राना तेरा भी है मेरा भी
ग़म का खज़ाना तेरा भी है मेरा भी

The Day That Time Broke

That day the clock stopped,
And Time changed forever.
In one way, it stands still,
So do I, However,
Oft I stumble
As if on a moving walkway
That runs in the opposite direction-
The magic carpet-
The *is* and the *was* relay.

Clock hands dragging,
Date cards nagging.
How is it,
That the world stands still,
Yet moves along,
With a biased will.

One mid-night,
The clock hands thumped
With a black knight's might,
Throbbing inside its metal armour,
While I screamed at its sight-
To stop with the racket,
And pay heed to my plight.

It stared at me oblivious or in pride
So I glared back, but paralyzed,
Giving in, to something primal,
I struck it, with a resolve so final.
I stood upright, but with trepidation,
Notwithstanding, the culpable anticipation,
That Time died another death,
Just so I could catch a breath.

Oh, how that little ticker lay unharmed,
Flat on its back with a proud belly.
Boy do I hate clocks now-
No longer the tick-tocking comrades
Of a life planned thoughtfully.

Reminders of an arbitrary existence,
As if puzzle pieces strangely rearranged-
In a series of *before* and *after*,
Gnawing needles in my head deranged.
Portrayed as the New Normal,
An *As-If* screen or Forever Unreal.

I loathe these boastful mornings-
The physical assault of the New Normal,
The resurgence of agonies,
From a dry throat to burning eyes,

The Questions, the Laments,
and the Lullabies,
Laying next to my pillow,
Staring right in my soul,
Demanding to be made wise.

Days, you ask, I don't know..
I move from sun to no sun,
Nights are solemn though.
Preferred over mornings,
They carry me and bear my woe,
Akin to being rocked
In a crash cart-
While the sound of the clock
Is now mimicked,
By my scoundrel heart.

The Shoulders of Few

No one came,
When it happened.
My home looked emptier than it could,
I mean there were sofa and chairs,
But my fridge was not full of food.

There were no cups of tea,
In the freezing winter of January,
Or an apple or cookie to go with coffee.
Just me,
With a really wet pillow,
And guttural sounds that came so low,
Reminding me-
Of the blow by blow.

No one came,
To hold my hands,
To hug and console
or even crack a pun.
To lay next to me,
or stay in silence,
As I stared into oblivion.
To hand me a kerchief
or wipe a tear,

To listen uninterrupted-
The most beautiful story
In the world to hear.

No one came,
With books or a flower,
To borrow the weight,
Of the lead hour.
To witness the enormity of pain,
That one's heart could take.
Once a friend on the phone,
Asked me to grab a pillow,
Chased by a panic attack-
I rocked it soft and slow.
I'm still rocking it
some nights in a row,
just so you know.

Silent days frozen in time,
Chilled to my bones,
Built up a shrine.
The ugly teeth, of grief
Over and above, everything.
Laid bare to one's elements,
With no relief,
To hold and bear,
With your lonesome being.

I had begun to forget
The sound of my own voice.
For it'd be days since I uttered,
Anything except cries.
I forgot how to walk,
And I forgot how to drive,
Water or soap-
Which is the first to utilise.

In the depths of despair,
As I found myself-
Unheld and unspoken to,
I lost faith in the kindness,
Of the remaining few.
I remember her-
My only respite.
The biggest, the strongest,
My therapist- my light.
A heavy-weight champion,
For two years-my companion.
Not perfect,
Yet she was,
Sang me a lullaby,
While I cried.

What must be the difficulty,

in the lives of these people,
That they must attend,
Which didn't allow them
to visit their grieving friend.
I know- it's hard,
To sit with a fellow in grief
Your heart breaks multiple times
Into tiny shards.
While my gut is pulled out
Through my mouth,
As I get up charred-
To brush my teeth
And, iron my work wear's crease.

I wish we could talk-
More about grief,
And death as well as loss,
And not leave the grievers alone-
To bear the cross.
For grief is just love, darling
Magnificent love - Immense love,
Itching to touch the one, in yearning.
What's not beautiful
To talk about love,
The thing we all want,
And crave for most above.

The sole reasonable variation is,
That the intended one
Is not on the physical ridge.
Rest all is- As should be,
Along with a full fridge.

We need to learn
To borrow each other's burdens and weight,
You see, Death is an equaliser,
It will also, come knocking at your gates.
And what if no one shows up, for you too
On the most important dates.
So let's not leave the good parts
for the shoulders of a few.

आखिरी बार

तुम्हारी कुर्सी, खाली रहती है
तुम्हारी साइड का बिस्तर
तुम्हारी चाय का कप,
अब खाली रहता है

अलमारी में एक थोड़ी देर पहनी हुई कमीज़
तुम्हारी खुशबू से कमरा महका देती थी,
अब नहीं है

वो चश्मा मिलता था तुम्हारा
कभी रसोई में
कभी बाथरूम के शेल्फ़ पे,
अब नहीं है

हमारी फ़ोटो लगी थी दीवार पर,
घर की नेम प्लेट,
तुम्हारी टेबल पर
पानी का गिलास रहता था,
अब नहीं है

गाड़ी में आज भी तुम्हारी सीट
उसी जगह पर लगी है,
जो अपने सामने के शीशे में
तुम अपना काजल ठीक करती थी,

अब नहीं है

तुम्हारे बालों की खुशबू
तकिये में रहती थी,
और एक ओढ़नी कुर्सी पर रखी रहती थी,
अब नहीं है

जूड़े की पिन, काजल की पेंसिल
एक वो तुम्हारे पसंद की लिपस्टिक,
शीशे पर रखी रहती थी,
मुझे लगता था तुम यहीं हो
यहीं कहीं हो,
अब कहाँ चली गयी हो

शाम होते घर आ जाया करती थी
अब तुम्हारे ना होने का सूनापन गूंजता है

घंटों बैठ दरवाज़े को तकता हूँ
तुम्हारी इंतज़ार में कि तुम अब आओगी,
दरवाज़ा खोलते ही तुम्हारी आँखें मुझे ढूंढेंगी,
और राहत की एक लम्बी सांस लोगी
जैसे बड़ी देर बाद मुस्कुराई होगी,
और मेरे कंधे पर अपना सर रख कर
दिन भर की थकन भुला दोगी,
जैसे दुनिया का वज़न कहीं रख आयी होगी

मैं तुम्हें आँख भर देख ही रहा हूँ

कि मेरे पूछने से पहले
तुम पूछोगी कि मेरा दिन कैसा था,
मेरे लिए आख़िरी की खीर बचा के रख गयी थी
वो मैंने खा ली थी ना

इससे पहले मैं कुछ बोल पाऊं
तुम बोली थी,
कि मैंने तुम्हारे लिए एक शर्ट देखी है
वो रंग तुम पर बहुत जचता है,
सोचा तुमसे पूछूँगी कैसी लगी
फिर मैंने मँगा ही दी-
तुम तो हर रंग में अच्छे लगते हो,
मैं ही फीकी पढ़ जाती हूँ तुम्हारे सामने

इससे पहले कि मैं विरोध करूं
तुम बोली थी,
कि तुमने एक नयी रेसिपी देखी है
मुझे बहुत पसंद आएगी,
लेकिन सरप्राइज़ है,
जब बन जाएगी,
तब ही पता चल पाएगी

वो रेसिपी बनाने से पहले
कहाँ चली गयी तुम,
मैं आज भी इंतज़ार कर रहा हूँ
दरवाज़े को देखता हर शाम,
तुम्हारी मंगाई शर्ट पहने

आज भी दो कप ले कर बैठता हूँ
तुम्हारी चाय ठंडी हो जाती है,
कुछ देर में हार के
उसे रख देता हूँ

इस तरह मैं रोज़
तुम्हारे इंतज़ार में हारता हूँ,
हाथ में तुम्हारे
बालों का क्लिप लिए

दिवाली का अँधेरा
मैंने कभी नहीं देखा,
दीये तो तुम ही जलाती थी,
इतनी बेरंग होली,
सब रंग तो तुम ले गयीं
अपने साथ

तुमने जो पेंटिंग शुरू की थी
अधूरी रखी है,
मेरे जीवन की तरह,
दो सूट लायीं थी कश्मीर से
आज भी बिना सिले रखे हैं,
जयपुर से जूतियां
और शिमला से चूड़ियां
सब रखे हैं,
तुम्हारे इंतज़ार में

उस दिन अपने कान के झुमके
तुमने उतार कर पकड़ा दिए थे,
परसों मेरी एक शर्ट से निकले,
दो दिन से हाथ में लिए घूम रहा हूँ
तुम्हें पहनाने के इंतज़ार में

तुम्हारी एक चूड़ी मिली उस दिन
गाढ़ी के डैशबोर्ड में,
ये जो तुम चीज़ों को
मेरी अमानत रख गयी हो,
क्या तुम लेने आओगी
एक बार फिर,
मिलने आओगी

तुम मिलोगी,
तो मैं तुमसे पूछूंगा नहीं
कि तुम कहाँ चली गयी थी,
तुम भी मत बताना
बस मेरे सामने रहना,
मैं पलक बंद भी नहीं करूँगा,
और नहीं पूछूंगा
कि दोबारा तो नहीं जाओगी,
मैं बस एक-टक तुम्हें देखूंगा-
आखिरी बार।

फिर एक बार

घर पहुँचते ही
एक हॉर्न दे देते थे हल्का सा,
मैं इंतज़ार में बैठी
नंगे पाओं भाग आती थी,
तुम्हारे बोलने से पहले
दरवाज़ा खोल देती थी,
कि दो पल भी ना छूट जाएँ
जिनमे मैं तुम्हें देख सकती थी,
तुम्हारी एक-टक नज़र में क़ैद
तुमसे लिपट जाती थी

अब तुम्हारे हॉर्न का इंतज़ार
सालों से कर रही हूँ,
तुम्हारी गाड़ी के जैसा
जब कोई हॉर्न बजता है,
तो भाग आती हूँ
नंगे पाओं आज भी,
तुम्हें ढूंढते हुए,
और हार के
वापिस लौट जाती हूँ,
हर बार,
कहाँ चले गए तुम

ऑफ़िस से आते हुए
आइस-क्रीम ले आया करते थे,
हमेशा मेरी ही पसंद की,
अब आइस-क्रीम अच्छी नहीं लगती,
तुम्हारे बिना
ये जीवन अच्छा नहीं लगता,
तुम्हारे बिना

जो जीने की इच्छा थी-
तुमसे ही थी
अब नहीं है,
मेरी हार जीत-
तुमसे ही थी
अब मैं हार गयी
तुम्हारे बिना।

Remembrance

It is difficult to believe,
That it's been a year to your leave.
The year went by quickly,
But the days have been long.

I would often click pictures of you,
Not knowing how long you will be.
I think you knew,
Because you'd smile for me.

This is all I have of you now-
Photographs full of warmth,
And memories full of love,
That I carry in my heart.

You fought your battles,
Long and hard.
But now it's time to rest.

You left us on your birthday,
And it takes to be your daughter
To raise a glass to you today.

परिवार

तुमसे ही हठ कर सकती हूँ,
तुमसे ही तो लड़ सकती हूँ

अनमानी करती हूँ, नादानी करती हूँ,
शैतानी करती हूँ, मनमानी करती हूँ

तुमसे ही बच्चों की तरह रूठ सकती हूँ,
तुमसे ही सब कुछ मनवाने की ज़िद कर सकती हूँ

तुम ही मनाते हो
पास बुलाते हो,
तुम ही समझाते हो
प्यार बरसाते हो

और तो मेरा कोई नहीं,
एक तुम ही आस जगाते हो
एक तुम ही ख्वाब दिखाते हो
एक तुम ही साथ निभाते हो
एक तुम ही हौंसला बढ़ाते हो
एक तुम ही राह दिखाते हो
एक तुम ही, परिवार बनाते हो।

Starting Point

My eyes are closing shut
and my head weighs down,
like that of a tired passenger
in a hot rickety bus.
Resting on my right shoulder
I close my eyes,
and see that I am lodged in a bus,
with hard cushion plies.
Some hot wind gushes in,
from the five-inch opening,
in the dirty windows to my side
as the sweat on my face dries.
The stained burning metal,
invites me to rest,
which I presume
I will soon fall against,
in a slumber not so gentle.

I faintly open my eyes,
after a while- I realise
I don't know where I am going
or how long has it been.
I do know that I started from home,
But, I wonder how will I know

where I'm supposed to reach,
or what is to be seen.
I wouldn't know what to do there
or what has been the point.
I am certain I will find some beauty
at every joint,
But I would have left my home behind,
whatever is left.
Will I need to return,
and make that journey rewind.

I don't understand.
I am acquainted with the loneliness
but why do I seem to alone withstand.
I stepped out of home to see,
what is there in the world for me,
and what is there in me for the world.
But now, I feel weary-
and have lost my home.
My home is no longer-
where I started from.
I have lost my starting point, yet
I try to make my residence my home,
but what happens, when you lose
where you came from,
and who you came from
and all your debt.

Am I still a traveller
if I no longer have a home,
or am I just lost forever.
I need to keep returning,
to that place in my mind
that I call my dwelling,
But, how do I make a home
At the same time,
I am on this bus journey.

उस कवि को आज तुम नकार लो

क्या कहूं मैं तुमसे
जो तुम्हें पसंद आएगा
क्या तुम्हें कुछ भी पसंद आएगा
या बस ऐसे ही देखते रहोगे
जैसे कोई बेवकूफ़ी की है मैंने,

बुड़बक।

(इस कविता के शीर्षक की प्रेरणा पीयूष मिश्रा हैं।)

संग-ऐ-मरमर के दरख़्त

नहा धो के
बाल बना कर,
सूट बूट पहने
कंप्यूटर के आगे-
तसल्ली से आ कर,
बिना कोस्टर चाय का कप लिए,
एक हाथ में सिगरेट
और माथे पे गुरूर लिए
पिता की जागीर का सुरूर लिए,
आधे चेहरे पे मुस्कान
और आधे पे तरस लिए,
जब तुम ये ना ऊंची ना नीची आवाज़ में
नींबू बिन नमक के
खट्टा बिन मीठे के
दिल बिन दिमाग के
जब तुम परवाह की राग में
मर्दानगी की आग में
इंसानियत के वैराग में,
एक ऐसी हिम्मत जुटाते हो
मेरी आँख से आँख मिलाते हो,
और कहते हो,
कि बड़ी सेंटी हो तुम,
तो मुझे बचपन याद आता है

माँ का रसोई में जलता चेहरा
और पिता के माथे का पसीना,
याद आता है,
सुबह स्कूल की बस से उन्हें देखना
और दिन में खाने पे इंतज़ार करना,
बहुत याद आता है

मेरी पहली गुड़िया जब
तुम्हारे जैसे एक शरारती लड़के ने
दो मंज़िल से फ़ेंक दी,
और माँ पापा का कहना
कि उसे जाने दे अब,
बहुत याद आता है

पी.टी. टीचर की फ़टकार
और इंग्लिश वाली का करार,
बहुत याद आता है

माँ का गुस्सा और पिता की नाराज़गी
दोस्त का दुलार और भाई से टकरार,
बहुत याद आता है

मेरे बचपन का पहला प्यार
शर्म से भरा पहला इकरार,
उसकी अगली नज़र का इंतज़ार
और इंतज़ार में ऐतबार,
बहुत याद आता है

पहली बार जो दिल टूटा
प्यार पर से भरोसा उठा,
फिर एक बार किसी का हाथ छूटा
आँख से समंदर फूटा,
बहुत याद आता है

ये जब तुम कहते हो
कि बहुत भावुक हो तुम,
तब क्या तुम्हें भी बचपन याद आता है

या जीवन ने तुम्हें
बहुत कठोर कर दिया है,
जीवन ने या पिता ने
या पिता की कमी ने,
माँ की आँखों की नमी ने
या उसकी गुज़रती जीवन अग्नि ने

तुम संग-ऐ-मरमर के दरख़्त
और मैं रुई का पेड़,
क्या तुम ये देख पाते हो

क्या तुम्हारे हाथ के छाले
इतने कैड़े हो गए हैं,
कि मेरे हाथों की नरमी
अब महसूस नहीं होती

क्या तुम्हारी भवें
मस्तक से चिपक गई हैं,
या सहजता में छोटी होकर
आँखों से भी मिलती हैं

मीठा जब मुंह के लगाते हो
तो क्या आज भी मिठास पाते हो,
छोटे बच्चे की मुस्कान में
क्या खुद को देख पाते हो

या तुम्हें लगता है
कि तुम्हारी सारी टहनियां तनी हुई हैं,
कभी ऐसा पेड़ देखे हो,
तूफ़ान जब आता है तो कैसे लाज बचाते हो,
पेड़ के घोसलों की कैसे जान बचाते हो,
क्या तुम खुद को मर्द बुलाते हो

हर महीने
मेरे शरीर से बहता खून देख
जो तुम कतरा जाते हो,
मेरे शरीर की ठंडक पे सर हिला के
अपने शरीर की गर्मी पे इतराते हो,
क्यों तुम खुद को मर्द बुलाते हो,
क्या तुम प्यास,
आज भी पानी से बुझाते हो,

प्रणाम।

दो गुणा लगान

मेरी एक ग़लती पर
जो तुम दो गुणा सज़ा देते हो,
ये तुम्हारी कद-काठी पर
शोभा देता है क्या

मेरी एक भूल पर
जो तुम दो हफ़्ते चेहरा नहीं देखते,
ये तुम्हारी सूझ-बूझ पर
शोभा देता है क्या

मेरी एक नादानी पर
जो तुम दो बार मनमानी करते हो,
ये तुम्हारी ईमानी पर
शोभा देता है क्या

मेरी एक परेशानी पर
जो तुम दो महीना अनदेखा करते हो,
ये तुम्हारी जजमानी पर
शोभा देता है क्या।

(इस कविता के शीर्षक की प्रेरणा आशुतोष गोवारिकर और के. पी. सक्सेना हैं।)

हर एक बात पर कह लो

यह कैसा अहंकार हुआ
जो उपहास बनाते हो,
जैसे तुम बहुत बढ़िया
और हम दो कौड़ी के हो

तुम्हारी खट्टास इतनी कड़वी
कि उससे अच्छी इस पहाड़ की ठण्ड कड़ी,
अरे समझते हैं सब
नए थोड़ी हैं बाज़ार में

काश तुम नरम कपाल से
दिल और दिमाग के बीच के भाग से
कहते की ठण्ड में मत बैठो,
नहीं आती तो रुक के मनाते,
कि इस अँधेरी रात में
तुमने रौनक लगा दी है,
आज रात में दो चाँद हैं
पर एक की चांदनी हलकी है ,
कैसे इस आग से तेज़ एक आग है
जो तुमने लगाई है

पर तुम आ कर पूछोगे
कि ठण्ड नहीं लग रही,
मैं झूठ बोल दूंगी-

और तुम्हें पता नहीं चलेगा,
कहोगे मुझे तो लग रही है-
आ जाओ अंदर,
मैं कहूँगी यहाँ अच्छा लग रहा है
तुमसे दूर- ये रख लूँगी, मन के भीतर
ना तुम समझोगे
कि तुमसे दूर अच्छा लगता है,
कितनी बड़ी बात है पर
तुम्हें नहीं लगता है,
मैं तो ले जाती ज़बरदस्ती अंदर
या पास बैठ जाती ठंड में ही जम कर

अब कह दो
कि तुम्हें तो कुछ अच्छा नहीं लगता,
कह लो,
अपने बड़े-बड़े सपने दिखा के
मेरे छोटे-छोटे सपने जो ले लिए मुझसे।

(इस कविता के शीर्षक की प्रेरणा मिर्ज़ा ग़ालिब हैं।)

कवि कब बनते हैं

ये कविताएं,
विचित्र वक़्त पे क्यूँ आती हैं,
ठंड से कांपते हाथों से
भूखे पेट के पहले निवाले से
किसी और के मन के उजाले से

ये कविताएं,
कहाँ से आती हैं,
माथे के दर्द और आँखों की थकन
बिखरता मन और संभलते कदम
जलते कज्जल और नींद बिन तन
सूखे गले और रूठे सजन

ये कविताएं,
भूखे पेट ही क्यों आती हैं,
पन्ने पे ना उतरे
तो जैसे कोई बुलबुला फूटे
सो कांपते हाथों से लिख देती हूँ,
खाने में नमक भूले,
नहीं तो खो देगा
वह क्षणिक चंचल कण
यह मेरा विचलित मन।

सूखते फूल

इतने समय बाद
एक अच्छी चाय पी है,
राहत-सी मिल गयी दिल को,
बस अपने लिए क्यों बनाने लगे हो अब

रसोई में खटपट की आवाज़ से
मैं पूछ लिया करती थी पहले,
कि चाय बना रहे हो क्या,
मेरी भी बना देना,
मैंने भी पूछना क्यों बंद कर दिया अब

मत पियो, नींद नहीं आएगी
कहते थे तुम,
फिर भी थोड़ी सी दे देते थे
अपने ही कप में से,
कि चीनी खुद डाल लेना अब

रसोई में कप रखा है
ऊपर आकर नहीं दे रहा मैं,
आ रही हूँ मैं-
मैं आ रही हूँ

जल्दी से आ जाती थी मैं
कि ठंडी न हो जाए,

बिना ढके कप में
चाय तुम्हारे हाथ की अब।

निर-नायक वृक्ष

क्या मोड़ ले चली-
ज़िन्दगी, इतनी सोची नहीं थी,
ऐसे रास्तों में खड़े होंगे
जहाँ कुछ टूटा हुआ है, टूट रहा है
टूट जायेगा, जज़्बा-
किस तरह का बनाऊं क़दमों में
जो मन के विरुद्ध चल सके
गिर-गिर के फिर संभल सके,
एक ऐसी हिम्मत,
कि रुक के मुड़ के देख ले
और मोह को अपने समेट ले
उतार के हलक से नीचे
रोक ले सीने तले,
क़दमों में मोह ना आ जाए
फिर धरती में ना गढ़ जाए
चुनी राह पे ना बिखर जाए
सूखे वृक्ष में ना बदल जाए।

Difficult Women

The women who are not easy to love,
Who roar and pounce,
And weather the storms.
The women who carry the weight of the world,
Duties of the house,
Of jobs and the children.

The women who make it very hard to love them,
Who demand fairness-
And demand synchrony,
But *because* they demand,
And just won't have it-
Any other way,
Asking for harmony,
What an irony!

Bitches, I tell you
And the names we have been called,
For reading a book,
While simmering the stew.

Ungrateful daughters and bad mothers,
Brainless butterflies
Who smoke and drink,

Or otherwise just gold diggers.

Loose or frigid,
Divorced or widowed,
Unmarried or mothers-
Are the only cages in demand.

Oh wait, how can I forget!
Fair and lovely,
Tall and thin-
The two old ones in command.

Oh, these selfish women,
Who want what they want,
And then want more of that,
Who just won't back down,
And are not looking for a crown.

Women who make it so difficult for you,
Why do they want it all these days,
Didn't they learn from their mothers-
That this is their fate,
To burn in a kitchen-
Wearing torn linen.

We are flawed-
Messy and imperfect,
And we don't all look the same.
We make a lot of noise,
And we bring chaos,
Because we carry the cross,
Of generations of loss.

We scratch and claw
Through open wounds,
To come into our being
With very few to look up to.

There are also the quiet ones,
Who burn bright and slow-
With their steady strength.
Yoda, some say, a picture of zen,
Women, who want to
Not be known for their men.

(This poem's title is inspired by Roxane Gay.)

The Spring in Autumn:
A Haiku Sequence

Was it the fall, the wind
Or the sun that burnt you
Your flames keep a secret

~

Interconnected veins reveal your age
Your beauty awes
Even though you fell

~

Neatly tied tilted bow
Bleeding white on your purple
Resting firmly in history

~

Curling up in peace
Returning to the womb
Where life seems to be

~

शायद है

शायद मुझे अंदाज़ा था
कि मुझे अब तुमसे प्यार नहीं,
पर है

मुझे प्यार की पहचान है
मैंने रूह में महसूस किया है,
शायद तेरे मेरे बीच कुछ रूहानी नहीं,
पर है

जो चाहती हूँ, क्या पता
शायद आसमानों में है,
लेकिन जो रूहानी नहीं है
क्या वो प्यार नहीं,
पर है

क्या मुझे सच में प्यार की पहचान है
लेकिन तुम तो मुझे जानते ही नहीं
मैं भी तुम्हें जानती तो नहीं,
शायद प्यार का कोई अंश है,
शायद तुम्हें भी अब मुझसे प्यार नहीं,
पर है

सोचा था परिवार होगा, बगिया होगी
बगिया में खेलता मेरा प्यार होगा,

आज फिर वहीं खड़ी हूँ
ना तुम, ना बच्चे, ना परिवार
ना घर, ना बगिया, ना प्यार,
मेरे किस्से की, एक और यादगार हार

अब कहाँ जाना है, कोई नहीं बसेरा,
ना बाप ना भाई ना बहन,
ना घर ना गाओं ना शहर

शायद मुझे अंदाज़ा था
कि आने वाला कल ऐसा होगा,
एकल राहगीरों को
बहुत पहले अंदाज़ा होता है,
इसलिए जीने की इच्छा कम होती है,
जब प्यार हो तो थोड़ी प्रबल होती है

शायद मुझे अंदाज़ा था
कि मैं अब तुम्हें प्यार करना नहीं चाहती,
पर है,

इतिहास गवाह है
कि पहली-सी मोहब्बत दोबारा नहीं होती,
पर है

सुन, अब इस राह चलना है
अब बस मैं और मेरा घर
और जो मैं बोऊंगी वो पल,

क्या खुद को ये इजाज़त दूँ
कि जब मन भर जाए,
तो छोड़ दूँ ये तल

अब यह ही अंत,
यह ही आरम्भ,
शायद मुझे अंदाज़ा था।

The Irony

I never liked my name
Until you said it,
When you emphasised it anew,
As if it belonged, only to you

There was nowhere to run
Just you and me,
Under the weight of things
We could not admit

Shaking it away
Trying not to smear it,
Waiting for the flame to die
Hoping the oil will run out with it

The irony of it all, that,
I have waited for you forever
Only to know, you can't be mine,
I don't know where this strength sat,
To not have you ever

I need to let you go
You are not mine to keep,
And someone worthy will be pining

Is unacceptable to me

I need to let you go
We can't really have anyone,
Sometimes because of Death-
The point of no return,
And often owing to Life,
Where there is no point returning.

We don't have to have what we want,
But, when we let go
What do we keep,
And what do we forgo,
Their smell on your coat
That begins to fade away,
Or a lovingly scribbled note.
Who is luckier and who is whole,
The one with four thousand photographs
Or the one who has four,
A hair pin that she rolled in her bun
Or the echoes of memory,
Imprinted on your soul.

Let us not insist on eternity,
Perhaps it is not something that was
Interrupted before infinity,
It was all it was- A beautiful season

And not a long term meet,
Otherwise you already begin to lose
The day that you met,
Or you can live,
In their tender appreciation, like
The little plants that grow in concrete.

अस्तित्व

कुछ जो शुरू नहीं हुआ,
वह ख़तम कैसे होता है,
जिसका आग़ाज़ नहीं हुआ,
उसका आभास कैसे होता है,
चाहे दो से एक अंश हो,
या दो अंश से एक 'एक' हुआ,
समंदर किनारे जो रेत पर,
दो पैर के निशान थे, वो थे क्या,
या अस्तित्व का अस्तित्व क्षणिक होता है

सांस जब सांस नहीं हवा लगती है,
रंग जब रंग नहीं दाग लगते हैं,
आसमान बहुत नीचे
और देह जब लक्कड़ लगता है,
आधा शरीर जीवित, और आधा मृत, कैसे होता है,
क्या तब ही अस्तित्व में तेज होता है

जिसका आग़ाज़ नहीं हुआ,
उसका अंजाम कैसे होता है
क्या फूलों के गुलदस्तों में
पानी डालने से पानी भी खिल उठता है,
मिट्टी की सतह के नीचे,
जब मैं बीज बोती हूँ,
क्या वह जीवित होता है

हम तो फूल पत्ती से मतलब रखते हैं,
क्या बस टहनी का अस्तित्व होता है,
क्या सूखे फूलों को फेंकना होता है,
एक ही पेड़ में पतझड़ और बसंत, कैसे होता है

क्या रात के अँधेरे में भी सूरज होता है,
मेरे हाथ में तुम्हारा हाथ होता है,
क्या मेरी मुस्कान में तुम्हारा नाम होता है,
मेरे काँधे पे तुम्हारी खुशबु का भी कुछ नाम होता है,
उँगलियाँ जब सिलाई की तरह सिल जाती हैं,
उनके अलग होने का भी कुछ नाम होता है

क्या सच में हर सुबह का, नया सवेरा होता है
या हमारे तुम्हारे आसमान अलग हैं

दिन जब रात में मिल जाता है
तो किसका आगाज़ और किसका अंजाम होता है,
ये सब सवाल तो बहुत पुराने हैं-
लोग कहते हैं,
पर क्या इनका इंतकाल होता है,
क्या तुम्हारे दिल को आराम होता है

जब सूखते पेड़ को देख,
मेरा दिल बेहाल होता है
तब तुम्हारे इलज़ाम का,
कोई परिणाम होता है,

क्या सच में,
मोहब्बत के सिवा,
ज़माने में कोई ग़म और होता है,
कुछ जो ख़तम हो गया, वो शुरू कैसे होता है।

कागज़ की कश्तियाँ

आओ तुम्हें एक किस्सा सुनाऊँ,
बात थोड़ी पहले की थी,
न था कोई भय, ना विस्मय,
सर उठा कर चलते थे,
और रीड़ की हड्डी कड़क थी,
और हाँ, ये भी हुज़ूर-
की माथे पर बेफिक्र ज़ुल्फ़ें बिखरी थी

सपने थे, तुम थे
तुम्हारे बीच था खुला द्वार,
अब इकट्ठी कर ली हैं,
ढ़ेर सारी हार,
पिता की खाली जगह
और माँ का रहना ज़ार ज़ार,
बिखरते रिश्तों के ढेर पे
थकते हुए हाथ

कहाँ गयी आंखों की चमक,
हैं झुकी पलकें, बुझे गाल,
कांपते हाथ और हिचक से भरी चाल,
क्या तुम वही हो बरखुरदार,
जिसे मैंने बीस साल पहले देखा था

देख के लगता था
कि दुनिया जीत लोगे,
ये किस मोड़ पर,
सर झुकाए बैठे हो,
क्या ये तुम हो,
ये तुम हो, तो वो कौन था

जनाब, खुद को याद करो,
इस परिश्रम से तुम मत डरो,
माना भारी क्षति के नीचे
कुछ ढूंढ़ना है छोटा सा,
तुम्हारे ही कुछ टुकड़े,
कागज़ के, पर कीमती बड़े,
ना, हीरा पन्ना कुछ नहीं,
मगर है, एक कहानी अदभुत वहीं।

चलो, वहाँ चलो

समय चलता जा रहा है
पर मैं थोड़ी रुक सी गयी हूँ,
जैसे ट्रेन में बैठी हूँ
और सब पीछे छूट रहा है,
लगता है, वहीं हूँ
या यहीं कहीं हूँ

मन करता है रोक लूँ समय को
और उतर जाऊँ इस ट्रेन से,
ढूंढ लूँ, शहर में
कोई नदी या आसमान,
और फूँक दू इसमें,
थोड़ी सी जान-
बस एक साया-एक काया,
जैसे हवा फूंकती थी अंगीठी में
मेरी माँ, और उनकी माँ

ये क़र्ज़ का सिलसिला भी तो रोकना होगा,
मर्ज़ का सिलसिला भी तो रोकना होगा,
ग्लानि और मलाल है
काश पानी और गुलाल होता,
रंग होते-
मुझमे,

दुःख भंग होते-
मुझमे

बाहर जो रंग हैं ना
मुझे सुलगा नहीं पाते,
नदी-पेड़-फूल-बरसात,
तुम ले चलो ना मुझे अपने साथ,
मैं तुम में ही ठीक हूँ,
क्योंकि तुम्हें तो मैं अपना नहीं पाती,
तुम तो अनहद हो, अनंत हो,
तुम ले चलो ना अपने साथ,
एक ऐसी माँ में जिसमें जान भी हो

जब मैं तुम्हारा रूप ले लूंगी
तो तुमसे अलग नहीं होउंगी,
मैं तुम बन जाउंगी,
मैं हवा बन जाउंगी
मैं धरती बन जाउंगी,
मैं ही नदी और बरसात बन जाउंगी

फिर तूफ़ान भी आएंगे और बौछार भी
फिर धूप भी आएगी और हवा भी
फिर फूल भी खिलेंगे और रेगिस्तान भी,
बस खाली आकाश नहीं होगा
बस सूखती आँखें नहीं होंगी
बस जलता हुआ तन नहीं होगा

अब तो बीत गया बचपन,
अब है जलती हुई ज़मीन
और झुलसता हुआ मन,
सूखी साँस और सूखे होंठ
और कब की प्यास

अब ले चलो एक समुद्र में,
मुझे पानी में डुबकी लगानी है,
लहरों में गिरना है
और हाथ में पानी भर खेलना है

अब ले चलो,
वहां जहाँ धूप थोड़ी काम हो,
जहां रंग मुझे छुएं
और घास नरम हो,
जहाँ मिट्टी गीली हो,
और उसमे एक छोटा पौधा निकला हो,

चलो,
वहाँ चलो।

www.ingramcontent.com/pod-product-compliance
Lightning Source LLC
Chambersburg PA
CBHW061716130726
47996CB00006B/2353